AF263334

L 46
248
A

RECUEIL

DES ÉCRITS

Composés et publiés à l'occasion et à l'époque
de l'invasion de Bonaparte en France;

Par Jules MARESCHAL,

VOLONTAIRE ROYAL.

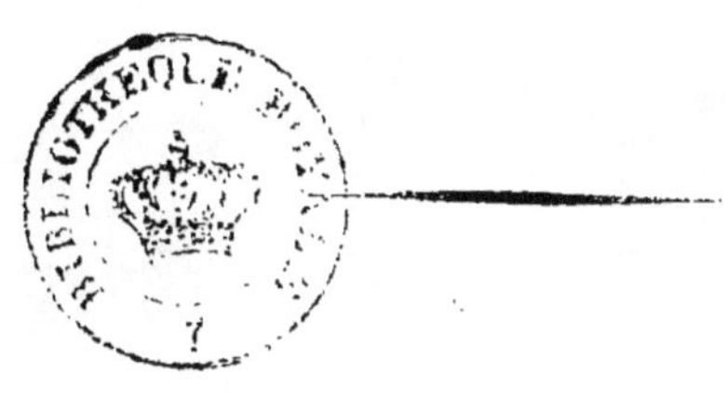

PARIS,

DE L'IMPRIMERIE DE Mme Ve COURCIER,
Rue du Jardinet-Saint-André-des-Arcs.

DÉDICACE

A Son Altesse Royale Monseigneur
LOUIS ANTOINE de FRANCE, Duc
D'ANGOULÊME.

Monseigneur,

C'est au Prince illustre qui fut le sublime modèle du dévouement et de la fidélité courageuse, c'est au Héros dont le Midi s'honore et dont la France eût tenu son salut, à une époque fatale, si la France eût dû être sauvée alors ; c'est à vous, enfin, Monseigneur, qu'il appartient plus particulièrement de connaître et d'apprécier les sentimens et les actions de ceux d'entre les sujets du meilleur des Rois, qui, brûlant de s'élancer dans la noble carrière que vous aviez si glorieusement ouverte, se sont consacrés à la défense de la plus sainte des causes.

Mettre ces témoignages sous vos yeux, Monseigneur, c'est procurer à votre *cœur une douce jouissance, en vous faisant connaître un bon Français de plus, et en vous offrant la manifestation de cette consolante vérité : que si les bons Princes font trop souvent des ingrats parmi ceux qui les entourent, souvent aussi, du moins, ils trouvent dans des rangs plus éloignés du Trône, des serviteurs dévoués et des sujets fidèles.*

A ce titre, MONSEIGNEUR, j'ai cru pouvoir appeler pour un moment l'attention de VOTRE ALTESSE ROYALE, sur le Recueil que jai l'honneur de lui présenter, et dont je la supplie d'agréer la Dédicace ; heureux, si elle daigne y jeter un regard de bienveillance, et si, pour prix de mon zèle et de mes efforts, j'obtiens l'approbation d'un grand Prince pour lequel mon admiration et mon amour égalent mon dévouement et mon respect !

J'ai l'honneur d'être,

MONSEIGNEUR,

de VOTRE ALTESSE ROYALE,

Le très humble et très obéissant serviteur,

JULES MARESCHAL.

RECUEIL
DES ÉCRITS

Composés et publiés à l'occasion et à l'époque
de l'invasion de Bonaparte en France.

ADRESSE AU ROI (*).

SIRE,

Au moment où la Nation voit son bonheur et
sa liberté soudainement menacés, il n'est pas un
Français, digne de ce nom, qui ne sente profon-

(*) Cette adresse, dont l'original est entre les mains du
Sr J. Mareschal, avait été rédigée par lui, sur l'invitation
d'un grand nombre de ses collègues du Palais et de l'École
de Droit, à l'effet d'obtenir de Sa Majesté l'autorisation
de se former en corps de volontaires pour marcher contre
Bonaparte. La veille du jour où elle devait être présentée,
parut l'Ordonnance royale portant organisation de ces
corps, dans lesquels le Sr Mareschal et ses collègues s'em-
pressèrent de se faire inscrire. L'adresse devenant dès-lors
inutile ne fut point remise.

dément la nécessité de grands sacrifices à la cause sacrée du Roi et de la Patrie.

C'est ce sentiment, Sire, c'est la voix de l'honneur et du devoir qui nous réunit aux pieds du Trône pour y faire entendre nos vœux et nos sentimens, aussi fiers de donner l'exemple du dévouement, que jaloux de suivre celui de la valeur sur les traces de nos braves et fidèles Légions.

Nous ne doutons pas, Sire, de la sagesse et de l'efficacité des mesures que votre prudente sollicitude a prises pour éloigner le danger; mais cependant, s'il doit devenir plus imminent, si des succès impies, exécrables, doivent rendre nos alarmes plus vives et provoquer des moyens de défense plus actifs, alors, Sire, nous le jurons, on nous verra voler des premiers au soutien de la plus noble des causes, montrer que le dévouement de l'amour et du devoir l'emporte sur celui du crime; et prouver de nouveau à l'Europe étonnée, qui attend un grand exemple, que les Français sont toujours invincibles quand ils ont pour devise : *Honneur et Patrie.*

Nous vous supplions, Sire, pour régulariser l'élan de ce zèle, commun à toute la Capitale, de vouloir bien ordonner *qu'il soit ouvert des listes d'inscription pour un corps de volontaires,* qui sera prêt à marcher sur la réquisition de l'autorité, dans le cas où l'ennemi viendrait à menacer le siége du Gouvernement.

En vous soumettant cette proposition, Sire, nous acquittons tout-à-la-fois la dette de notre amour pour votre auguste personne, et le vœu de nos cœurs pour le salut de l'État.

Paris, ce 11 mars 1815.

(Suivent les signatures.)

MANIFESTE DE LA NATION

CONTRE L'ARMÉE (*).

L'ARMÉE a trahi la Nation : elle s'est couverte d'opprobre et d'infamie : parjure à son serment, infidèle à son Roi et à ses devoirs, elle a employé contre le vœu et l'intérêt de la Patrie sa force parricide ; dès - lors elle a brisé le lien sacré qui les unissait l'une et l'autre ; rien désormais de commun ne saurait donc subsister entre elles, et la Nation doit à son honneur, resté intact au

---

(*) Cette pièce fut composée aussitôt après l'entrée de Bonaparte à Paris, dans toute la chaleur de l'indignation et de la douleur dont cette effroyable évènement et l'horrible perfidie qui en fut la cause pénétrèrent tous les serviteurs du Roi ; l'on ne doit donc pas s'étonner de l'énergie de sentiment et d'expression qui y règne : plus tard l'auteur crut devoir au bien de la cause qu'il servait, le sacrifice d'un peu de cette énergie, réfléchissant que la modération conduit presque toujours à la persuasion, et qu'ayant à ramener beaucoup d'esprits égarés, ce moyen pouvait le conduire plus efficacement à son but.

C'est ce qu'on pourra remarquer dans l'ouvrage qui termine ce Recueil.

milieu des perfidies et des trahisons de l'armée, une déclaration solennelle qui manifeste authentiquement, aux yeux de l'Europe et du monde entier, les sentimens qu'elle a éprouvés, ceux qui l'animent dans les circonstances où elle se trouve, et les principes qui la dirigeront dans les grands évènemens qui se préparent.

Un bienfait inespéré de la Providence avait arraché la France à l'abyme où allait la précipiter un homme auquel la nature s'était plu à départir, avec quelques-unes des qualités extraordinaires qui font les grands hommes et les bienfaiteurs des peuples, toutes celles qui font les grands scélérats et les désolateurs du monde.

Un Roi sage, ami de la justice et de la paix, avait été substitué, par le vœu de la Nation, à un Souverain ambitieux, despote et fourbe, rêvant incessamment la monarchie universelle et l'usurpation des trônes, ne respirant que la guerre, et portant partout, avec ce que ses aveugles ou stupides sectateurs appelaient la gloire de ses armes, l'horreur de ses injustices et la haine du nom français.

La France commençait à respirer sous l'égide d'une sage liberté, sauve-garde de ses droits et de son bonheur.

La haute prudence du Chef, sa magnanimité,

son équité contantes, avaient consommé la tâche si difficile de rasseoir et d'assurer l'édifice du gouvernement de l'État ébranlé, jusque dans sa base, par les doubles ravages de la guerre et du despotisme.

Les vœux de la nation étaient en partie exaucés : l'espoir lui était rendu, et une immense perspective de félicité se découvrait à ses regards.

Soudain tout a disparu, et l'attente du bonheur a fait place à la certitude des maux les plus effroyables.

Des misérables, chargés de l'indignation publique, de vils suppôts de la tyrannie passée, frémissant de leur inactivité présente qui laissait trop de prise aux remords, ont conspiré contre le repos de leur Patrie, et cherché à ressaisir, avec leur odieux pouvoir, le moyen de la désoler de nouveau.

Un homme, le front taché du sang d'un juste, l'un des assassins de Louis XVI; un autre, à l'aspect duquel les flots de la Loire et du Rhône se sont soulevés d'horreur, le dévastateur de Lyon, l'exécrable coopérateur des noyades de Nantes; un autre encore, non moins affreux par les souvenirs politiques, et proscrit par la morale, pour le plus épouvantable des penchans qui dégradent et abrutissent l'espèce humaine; une femme enfin, digne rivale des Julie et des Messaline, traînée, par ses passions, dans la fange du vice, doublement adultère, incestueuse et débauchée, qui n'eut d'une reine que le nom et l'audace criminelle; tels ont été les chefs d'un abominable complot, tels les scélérats qui, par une odieuse communion d'imaginations perverses et de cœurs faits au crime, sont parvenus à renverser, pour quelque temps, un Gouvernement paternel et libre, et à replonger la France dans les inévitables horreurs de la guerre étrangère, comme de la guerre civile.

A l'aide de quelques talens que le génie du mal leur a dispensés, par de ténébreuses intrigues et en rattachant à leur cause ce qui reste en France d'une secte, jadis nombreuse et justement abhorrée, ils sont parvenus d'abord à donner à leur parti une sorte de consistance.

Quelques abus, inséparables des meilleures institutions, quelques fausses mesures échappées à la prudence, ou peut-être même provoquées par la trahison, quelques fautes commises dans l'administration (Eh! quelle administration si sage n'a ses abus, ses imperfections et ses fautes!), ont paru favoriser leurs criminels desseins, en fomentant de secrets mécontentemens, soit parmi quelques esprits inquiets, ardens à prévoir le mal et toujours prêts à le supposer, soit dans une classe, malheureusement trop nombreuse, d'individus, victimes du bien public, et privés de leurs emplois par l'exécution d'un plan d'amélioration générale sagement conçu, mais peut-être trop précipitamment accompli.

Cependant les conspirateurs ne se dissimulaient point que l'amour du peuple pour un Gouvernement qui, sous tous les rapports essentiels, méritait justement cet amour, leur serait une barrière puissante qu'une grande force pouvait seule briser, et ils ont jeté les yeux sur la force militaire.

Ils n'ignoraient point que l'armée renfermait dans son sein des élémens propres au succès de leur complot.

Ils savaient qu'à côté de braves, fidèles aux lois du devoir et de l'honneur, étaient des hommes d'une trempe toute différente, des hommes qui n'avaient pu voir sans un secret chagrin les évènemens miraculeux qui, en rendant le calme et la paix à la France, avaient fermé la sanglante carrière qu'ils brûlaient de parcourir ; de ces guerriers flétris, dans lesquels la plus noble des professions n'a fait qu'éveiller et nourrir les plus vils des penchans, qui comptent pour rien la Patrie, et pour tout, le moyen de satisfaire leur ambition ou leur cupidité, qui consentent avec joie à nager

dans le sang et à marcher sur des monceaux de
cadavres, pourvu qu'ils arrivent ainsi aux grades
et à la fortune; un grand nombre aussi de ces
hommes à l'esprit aussi faible qu'ardent, enthou-
siastes du merveilleux, et payant à l'éclat de la
fausse gloire le tribut d'une admiration insensée;
enfin un plus grand nombre encore de ces hommes
aveugles et passifs, qui suivent machinalement
l'impulsion qu'on leur donne; également propres
à servir sous l'étendard de l'honneur et à se ran-
ger sous les drapeaux du crime.

Les conspirateurs n'ont eu garde de négliger
ces avantages, et aussitôt ils ont circonvenu l'armée; des intrigues ont été nouées, des trames
ont été ourdies, des corruptions ont été consom-
mées, des perfidies ont été achetées au poids de
l'or ou de promesses magnifiques : un exécrable
commerce de trahisons et de lâchetés s'est ouvert
de toutes parts; l'armée, enfin, partie corrompue
et partie séduite, à l'exception de quelques braves,
a prostitué sa gloire et vendu son honneur.

Pour sauver, aux yeux de l'Europe attentive
et indignée, l'odieux de la défection et ses dé-
testables motifs, on est convenu de les couvrir du
voile d'un ancien et invincible attachement pour
un Général qui conduisit souvent à la victoire, et
ce sentiment, feint par les uns, peut-être vérita-

blement éprouvé par les autres, mais qui ne pouvait être, pour aucun, l'excuse de la trahison, en est devenu le prétexte pour tous.

L'ancien tyran alors s'est montré : toutes les espérances du crime l'accompagnaient ; il apportait avec lui la perspective d'un nouveau bouleversement de l'Europe, de guerres désormais sans terme, et il s'est trouvé bientôt entouré de l'armée.

La Nation, prise au dépourvu, trahie par ses défenseurs, a été subitement accablée ; l'enthousiasme de résistance qu'elle avait manifesté, comprimé, enchaîné par la perfidie, a été trop impuissant, et elle s'est vue, en frémissant, courbée de nouveau sous le joug de l'oppresseur.

Mais pour avoir été accablée, elle n'a point été soumise, et dans ce moment où le bras de l'Europe s'arme pour sa délivrance et pour faire disparaître de la scène du monde un monstre, l'effroi de sa Patrie et l'ennemi commun des peuples, la Nation ne saurait, sans trahir son intérêt, comme son devoir, retenir le cri de sa juste indignation.

En désavouant donc, à la face du monde, le fourbe qui s'est dit appelé par elle ; en détestant le barbare qui est venu pour assouvir de nouveau son inextinguible soif de sang et de larmes, l'arracher au repos de félicité dont elle commençait à jouir; qui n'a ni conscience, ni loyauté; qui ne sait que tromper et massacrer; qui promet aujourd'hui la paix, la liberté, le bonheur, et qui donnera demain la guerre, l'esclavage et la mort; en regrettant sincèrement le bon Roi que la Providence lui avait rendu et le gouvernement paternel qu'elle avait recouvré :

LA NATION DÉCLARE qu'elle ne saurait plus voir désormais qu'avec horreur, une partie de ces guerriers, naguères la gloire, aujourd'hui la honte du nom français ;

Elle hait et méprise profondément les traîtres qui, armés pour sa défense, l'ont indignement livrée à son tyran et à toutes les infortunes affreuses qui vont suivre l'odieuse révolution opérée par leur exécrable secours ;

Elle appelle à grands cris sur leurs coupables têtes les foudres du ciel et celles des combats ; elle les dévoue à la mort ; elle veut leur extermination, qui sera le gage de sa liberté ; elle ne sera tranquille et rassurée, que lorsque le fer vengeur en aura fait justice ; et tel est l'excès de l'horreur qu'ils lui inspirent, telle est l'immensité de son infortune et l'affreuse extrémité où leur pefidie l'a réduite, qu'elle est contrainte à désirer, comme l'unique voie de salut, le secours de l'étranger, l'envahissement renouvelé de son territoire, et la désolation de ses champs !!!!.... O vous, qui fûtes les ennemis de la France et qui allez en devenir les soutiens, généreux étrangers que dans son malheur elle appelle à son aide, sans doute un juste orgueil a dû céder à la nécessité, et quoique lui coûte sa reconnaissance, elle n'en sera pas moins sincère et vive, mais aussi la cause n'en sera pas moins éternellement affligeante pour elle; et, de même que ce qui met le comble à son indignation est l'humiliante nécessité où les misérables l'ont mise de recourir à votre protection, de même ce qu'elle attend de vous avec le plus d'ardeur, c'est de pouvoir bientôt venger sur eux cet affront; sa fierté justement blessée la rendra inexorable, le sang lavera la honte, et son cri de guerre sera : *Point de grâce ni de pitié pour les traîtres!*

Et vous qui, plus malheureux que coupables, vous êtes rangés, sans intention criminelle, sous les drapeaux du crime; vous, guerriers victimes de la séduction ou des illusions passagères, entraînés, malgré vous, hors du chemin de l'honneur, mais qu'un secret penchant y ramène, il en est temps encore, rentrez dans ce chemin sacré; la conscience vous le crie, la Patrie vous en conjure; cédez à cette double voix; souvenez-vous que les palmes de la gloire ne se cueillent point dans les champs de la trahison, et qu'en persistant dans un fatal aveuglement, vous n'ombragerez jamais votre front que de lauriers criminels qui dévoueront vos noms à la haine des contemporains et au mépris de la postérité.

Pour vous, guerriers magnanimes, restés l'honneur et devenus l'espoir de la Patrie, qui avez ajouté à tous vos titres de gloire, l'exemple d'une entière et courageuse fidélité : soit que la nécessité vous retienne au sein de l'armée et dans les rangs de vos trop indignes frères, soit qu'une vertueuse indignation vous en ait éloignés, comptez que partout l'estime et la reconnaissance de la Nation vous cherchent et vous entourent; elle vous prépare le plus doux des triomphes, en vous regardant comme ses futurs libérateurs; elle se dit avec orgueil et avec délices, la vaillance de vos bras et la générosité de vos cœurs; elle espère tout de vous, et confiante en votre loyauté, comme en vos courages, elle pense, non sans douleur, mais du moins sans effroi, à la lutte qui va s'engager pour sa délivrance; elle vous offre pour auxiliaires ses nombreux enfans; vous les verrez, n'en doutez pas, accourir, au premier signal, sous l'étendard sacré, et fiers de voir en vous leurs chefs comme leurs modèles, vous aider à reconquérir, avec l'honneur de l'armée et la paix de la Nation, son Roi, ses libertés et son bonheur.

VIVE LE ROI!

Paris, le 25 mars 1815.

Nota. L'écrit qui précède et celui qui suit furent imprimés secrètement, par les soins du Sr Mareschal et de l'un de ses collègues du Palais, M. D.........., volontaire royal comme lui, puis, placardés et distribués en plus grand nombre possible d'exemplaires, dans le courant de mars, avril et mai 1815.

ADRESSE

AUX HABITANS

DU FAUBOURG SAINT-ANTOINE

ET AUTRES (*).

Bons habitans des faubourgs, peuple paisible et laborieux !

On vous trompe : des traîtres vous égarent et cherchent à vous rendre les imprudentes victimes de leur perfidie.

Pour qui vous exhorte-t-on à la révolte et au carnage ? Pour un homme seul, devenu l'objet de l'effroi comme de la haine de la France et du

(*) A l'époque où cette pièce fut composée, la faction impériale et révolutionnaire travaillait avec ardeur à corrompre l'esprit du bas peuple, et employait journellement pour le pervertir et en faire l'ennemi déclaré de la cause royale, ce machiavélisme odieux qui lui était si familier et qui ne lui avait que trop réussi. Déjà une dangereuse fermentation se manifestait, les fédérations s'organisaient et on devait tout redouter des suites funestes de cette exaltation. La proclamation qu'on vient de lire avait pour but d'éclairer le peuple et de contre-balancer l'effet des instructions perfides qu'il recevait.

2..

monde entier; pour un barbare qui, dans sa rage
de destruction, pense avec délices aux nouveaux
torrens de sang qu'il va faire couler encore, qui
sourit à l'idée des effroyables malheurs qu'une résistance inutile et criminelle attirerait inévitable-
ment sur votre ville, sur vos familles et sur vous-
mêmes; pour un homme qui n'est plus votre souverain et qui n'a plus sur vous aucun droit, pas
même celui de vous intéresser à sa destinée.

Contre qui excite-t-on vos courages et veut-on
armer vos bras? contre votre Roi, contre votre
Père! contre un Roi que vous aimez, parce qu'il
est vertueux et bon, et parce que vous êtes, comme
le reste des vrais Français, généreux et sensibles!
contre un Père qui fait sa plus chère étude du soin
de votre bonheur, et qui ne parle jamais sans émo-
tion de ses bons Parisiens! Habitans du faubourg
Saint-Antoine, vous l'avez vu, ce bon Roi, ce
tendre Père, venir déposer au milieu de vous les
trésors de sa bienfaisance; vos cœurs ont volé au-
devant de lui, et vous lui avez juré un éternel
amour; trahirez-vous aujourd'hui vos sermens?
Songez que plus il est malheureux et affligé, plus
vous lui devez de consolations et de fidélité : songez
qu'il a donné sa royale parole d'employer les premiers instans de son retour à récompenser les citoyens vertueux qui se dévouent à la bonne cause:

songez enfin qu'il vous sera d'autant plus honorable de mériter d'être récompensés par lui, que jamais sans doute il ne saurait avoir ni la volonté ni le courage de vous punir.

Si donc vos bras doivent être armés, que ce soit pour lui et non contre lui ; que ce soit, non pour verser le sang de ses serviteurs, mais pour veiller avec la brave et fidèle Garde nationale, au maintien de l'ordre, pour faire respecter les personnes et les propriétés, pour conserver à vos concitoyens leurs fortunes et à votre Roi sa Capitale.

Ainsi vous vous montrerez dignes du nom de Français ; ainsi vous acquerrez un titre éternel à l'estime et à la reconnaissance de votre Patrie, comme à la bienveillance de votre légitime Souverain.

VIVE LE ROI !

Paris, le 13 mai 1815.

CONSIDÉRATIONS

SUR

L'ÉTAT MORAL ET POLITIQUE

DE LA FRANCE,

Et recherches sur ses véritables intérêts dans la crise actuelle.

(MAI 1815.)

Remarque. Cet Ecrit fut composé pendant que tout se préparait pour la guerre d'invasion dont la France était de nouveau menacée par le retour de Bonaparte et son usurpation.

Il avait pour but de démontrer que le seul moyen d'éviter les affreux malheurs de cette seconde invasion, était de renverser l'usurpateur et de rappeler le Souverain légitime.

Il fut imprimé secrètement et répandu dans le public long-temps avant la bataille de Waterloo et l'abdication de Bonaparte.

CONSIDÉRATIONS

SUR

L'ÉTAT MORAL ET POLITIQUE

DE LA FRANCE.

La France touche au moment d'une crise effroyable; placée au bord d'un abyme dont on ne
saurait mesurer la profondeur, telle est pourtant
la nature du danger, qu'elle peut également l'éviter ou s'y précipiter, que sa ruine ou son salut
dépendent d'elle-même, et qu'elle est libre encore
de marcher vers l'un ou l'autre de ces deux points
extrêmes. Dans cette alternative, à la fois terrible
et consolante, le devoir d'un bon citoyen est de
chercher à s'éclairer soi-même, et, s'il est possible,
à éclairer ses concitoyens sur les communs intérêts, sur les moyens d'opérer le bien général qui
doit être, dans ces graves circonstances, le but
unique et comme le point de ralliement de toutes
les pensées et de toutes les actions particulières.

Telle est la raison qui nous engage à publier ces
rapides réflexions que le plus pur patriotisme nous
a suggérées, et qui, si elles n'emportent point l'ap-

probation de tous par leur justesse, la méritent du moins par le sentiment qui leur a donné naissance.

La France, et c'est là son plus grand malheur, la France est aujourd'hui divisée par l'opinion, en deux grands partis, dont chacun a lui-même ses subdivisions particulières.

Le parti du Gouvernement royal, qui se subdivise en *Royalistes exclusifs*, c'est-à-dire, qui tiennent particulièrement pour la personne et l'administration de Louis XVIII (et c'est le plus grand nombre) : en *Royalistes relatifs*, qui détestent encore plus Bonaparte qu'ils n'aiment le Roi, et qui ne voient rien de mieux dans le rétablissement du Roi que le renversement de Bonaparte (le nombre en est grand aussi); enfin, en *Orléanistes*, qui appellent à la couronne le Duc d'Orléans, lequel, probablement, n'a guère été consulté dans ce choix-là, et qui, tout digne qu'il puisse paraître du trône, sait trop bien que cela ne suffit point pour y monter.

Le parti du Gouvernement impérial, qui se compose des *Bonapartistes*, proprement dits, c'est-à-dire, qui tiennent spécialement à Bonaparte (ce sont, en grande partie, les gens en place et une portion de l'armée); des *Bonapartistes relatifs*, qui ne se rallient à Bonaparte qu'à cause du besoin que, suivant eux, la France en a, pour repousser l'invasion des alliés, et chez lesquels prédomine un sentiment, vrai ou faux, d'honneur national, qui les porte à ne rien voir de plus à craindre que cette invasion; des *Républicains* honnêtes, qui croient encore à la possibilité d'une démocratie sage et heureuse, chez une nation telle que la nôtre; enfin, des *Jacobins*, hommes dont le nom et les principes sont l'effroi des honnêtes gens de tous les partis, et qui ne cherchent, dans les commotions politiques, que le moyen d'arriver, par les voies de l'intrigue et de la terreur, à l'anarchie et au brigandage.

Comme dans l'état actuel des choses, le renversement de Bonaparte, d'un côté, et de l'autre côté l'expulsion des Étrangers, ainsi que de la Famille royale, sont les deux résultats désirés, et, si l'on peut parler ainsi, les deux centres d'intérêts, pour chacun des deux partis, toutes les subdivisions se rattachent aujourd'hui à la division principale, en sorte que toutes ces factions diverses se résolvent, quant à présent, dans les deux grands partis des *Royalistes* et des *Bonapartistes*.

Notre intention n'est point d'entrer ici dans l'examen des élémens qui forment l'opinion des uns ou des autres, ni dans la question de leur légitimité; ce n'est point sous le rapport du *droit,* mais uniquement sous le rapport du *fait,* que nous les voulons considérer, et nous nous bornons à dire, parce que c'est une chose qui n'est point susceptible de discussion ni d'équivoque, que les deux partis existent. Ils existent, et leur force respective est imposante : elle est telle que, malgré l'avantage immense que donne à l'un la possession et l'exercice de l'autorité suprême, l'autre ne craint point de se montrer à découvert et de donner le signal du combat. S'il s'engage généralement, on doit donc craindre des déchiremens effroyables, et tous les maux affreux qu'engendrent les guerres civiles.

Dans la perspective politique, et pour le soutien de l'un des partis, comme pour la ruine de l'autre, se montre, à nos frontières, l'Europe armée, qui vient, en demandant à la nation entière la garantie de son repos, par le renversement de Bonaparte, offrir à la partie de cette nation, restée par conscience ou par intérêt, fidèle à Louis XVIII, un secours efficace contre l'usurpation du premier.

Dans cette situation, que peut, que doit faire la France?

Sans doute, si les circonstances et l'esprit public étaient autres, si elle était unie d'opinion, si d'un zèle unanime elle s'armait pour la défense de son indépendance et de ses institutions menacées par une injuste et soudaine aggression, sa force serait grande, et peut-être alors seraït-il possible qu'elle trouvât dans son énergie, dans cette coopération universelle de ses citoyens, des moyens imposans de défense et de triomphe, ou au moins celui de rendre la lutte long-temps douteuse, de faire acheter chèrement la victoire.

Mais, hélas! qu'il est loin d'en être ainsi!

Comment supposer ce concert d'efforts et de volontés qui pourrait seul faire espérer le succès, lorsqu'au contraire une partie de la nation (et, ne dissimulons rien, ce n'est pas la moindre) se montre toute disposée à seconder cette invasion, au lieu d'y résister; lorsqu'au lieu d'y voir aucun danger pour son indépendance et le maintien de ses institutions, elle la regarde comme la sauve-garde de ses droits et la garantie de sa future félicité, conquises pour long-temps au prix d'un mal, grand, sans doute, mais passager; lorsqu'au lieu de voir dans l'étranger qui s'avance un ennemi redoutable, elle n'y veut voir qu'un allié, qu'un libérateur dont les intérêts se confondent avec les siens; lorsqu'au lieu d'armer son bras pour le repousser à l'extérieur, elle s'efforce de lui frayer les voies à l'intérieur, et cherche à terrasser, par l'opinion ou par le fer, ceux qui prétendent s'opposer à lui; lorsqu'enfin, au lieu de placer son devoir dans la résistance, elle n'y voit qu'une sorte de sacrilége et la tâche indélébile d'un fauteur de trahison et de tyrannie ?

Parlez, Citoyens du Nord, de l'Ouest et du Midi ! Vous qui conservez avec le souvenir et l'amour de votre Roi, l'espérance de le revoir, et dans lesquels chaque jour, chaque évènement accroît ce désir, fortifie ces espérances, est-ce vous qui combattrez, qui chasserez de la France ceux qui veulent le rendre à la France ? Est-ce vous qui serez les ennemis de ceux-là qui sont les amis de votre Roi ? Est-ce vous qui vous consacrerez à la cause de celui que vous regardez comme son odieux compétiteur, comme l'usurpateur de son trône ?

Et vous aussi qu'affectent les souvenirs anciens et récens d'une haine implacable contre l'homme que vous accusez de tous les malheurs de la France et du monde, est-ce vous qui sacrifierez vos vies et vos fortunes pour le maintien d'un sceptre que vous lui avez vu déposer avec tant de joie, et reprendre avec tant de terreur ? Est-ce vous qui voudrez travailler à river les chaînes nouvelles d'un esclavage qui vous parut si honteux, si intolérable, et que, à travers le voile de ses promesses déceptrices, vous apercevez encore dans l'avenir de son règne nouveau ?

De toutes parts et pour toute réponse s'élèvent des cris d'indignation et de fureur contre celui

qu'ils signalent comme le plus cruel ennemi de
la France et du genre humain : partout s'observent
et s'agitent des esprits en fermentation, des citoyens passionnés, ici tout prêts à se révolter,
là en révolte ouverte, et contre l'autorité qu'ils
désavouent et contre le souverain qu'ils maudis-
sent. Ah! ce ne sont pas là, confessons-le fran-
chement, des augures de succès dans la lutte
effroyable qu'il faudrait soutenir; et c'est une sanglante extravagance de croire qu'une seule nation,
fût-elle la plus intrépide et la plus héroïque du
globe, puisse, ainsi divisée et désunie, résister à
vingt nations aguerries, du sein desquelles sortent
des armées innombrables, et qui tirent, de leur
union, cimentée par leur intérêt, une force in-
destructible.

Ainsi, c'est certainement vouer la France aux
plus grands malheurs, c'est évidemment appeler
sur elle des désastres dont l'idée seule est ef-
frayante, c'est vouloir enfin sa dévastation et son
anéantissement, que de pousser à la résistance la
partie de la nation qui pourrait n'y être pas contraire.

Cette résistance impuissante et inefficace ne
peut avoir d'autre résultat que de changer en fureur, dans l'étranger, le sentiment de modération
qu'il proclame, et que de le provoquer à user,

envers les personnes et les propriétés, de tous les droits affreux de la guerre.

C'est donc, d'un côté, sacrifier gratuitement une portion de citoyens, et de l'autre côté, attirer sur tout le reste de la nation, les plus épouvantables calamités.

Voici l'objection principale que font à cela les partisans du système de résistance, parmi lesquels, il faut l'avouer, se trouvent beaucoup d'honnêtes citoyens, animés d'un zèle fort louable dans son principe, mais aveugle, suivant nous, et surtout fort dangereux dans son exagération.

Si, disent-ils, la France ne résiste point avec énergie, si l'Étranger pénètre encore une fois jusqu'à sa capitale, et parvient à s'en emparer, la France est déshonorée, et non-seulement c'est une honte ineffaçable pour elle, mais encore c'est le signal de sa destruction et du démembrement total de ses provinces par les Puissances alliées.

Cette objection peut être bien facilement détruite sous le double rapport qu'elle présente. Elle n'a véritablement rien de solide, dans le sens d'aucun des deux partis, quant au premier de ces deux rapports.

En effet, soit qu'on raisonne avec les *Royalistes*, soit qu'on partage l'opinion des *Bonapartistes*, le défaut de résistance à l'invasion des alliés ne saurait, suivant nous, compromettre en rien l'honneur national.

Et d'abord, dans le sens des Royalistes, assurément la France ne peut pas se déshonorer en réclamant le secours de ses Alliés, ou en acceptant le secours offert, pour résister à l'oppression intérieure d'une partie de sa force armée, qui veut lui imposer un chef dont la nation ne veut pas, et pour l'aider à reconquérir, sur cette force armée rebelle, un Roi qu'elle aime, qu'elle a éprouvé, et qu'elle juge propre à faire son bonheur.

Certes, il n'est encore venu à l'idée de personne, que la France ait été déshonorée, lorsqu'au seizième siècle, Henri IV, le plus grand et le meilleur de ses Rois, se vit obligé de solliciter le secours des Allemands et des Anglais, pour réduire la Ligue, et parce qu'avec leur aide il fut vainqueur de sujets rebelles, dont bientôt après il devint le père.

Or, ce qui fut légitime il y a deux cents ans, ne peut pas ne l'être point aujourd'hui; et, proportion gardée entre le nombre des partisans de Mayenne et celui des sectateurs de Bonaparte, Louis XVIII, ouvrant la France aux armées de la coalition (1), ne fait rien de plus criminel,

____

(1) Cette position de fait est une pure hypothèse, une

3

quant à lui, ni de plus déshonorant quant à la nation, que Henri IV y appelant les Allemands, les Suisses et les Anglais.

Si la France court risque de son honneur, diront les Royalistes, c'est en courbant lâchement la tête sous le despotisme militaire qui est parvenu, par la déloyauté non moins que par l'abus tyrannique de sa force, à replacer sur le trône un aventurier trop fameux, détesté de tout ce qu'il y a d'honnête et d'éclairé dans la nation ; c'est en violant, sans pudeur comme sans motif légitime, la foi jurée au plus doux et au plus confiant des Princes, en s'armant contre celui-là

---

concession gratuite que nous faisons à l'opinion de ceux qui s'opiniâtrent à prétendre que le Roi est en effet le mobile et l'auteur de l'invasion, pour démontrer que dans ce cas là même, il n'y aurait point de reproche raisonnable à lui adresser.

Mais, dans la vérité, cette opinion n'est point soutenable, et il est bien évident que la cause de l'invasion se trouve ailleurs que dans l'intérêt du Roi et de ses partisans.

Elle se trouve dans l'intérêt puissant et légitime que tous les Princes et tous les peuples de l'Europe, ont au renversement de Bonaparte, dont le pouvoir menace de nouveau les trônes et les libertés. Elle est dans le souvenir récent des agressions passées, dans la crainte fondée des agressions futures, dans la défiance trop justifiée que son ambition immodérée a semée de toutes parts sur les suites de son usurpation.

même qu'elle a promis de servir avec fidélité, et
en donnant à l'Europe indignée le scandaleux
spectacle d'une nation, qu'on dit brave et spi-
rituelle, se laissant sottement aveugler par les
sophismes odieux d'un machiavélisme effronté, ou
honteusement subjuguer par un système de terreur, engendré de la fureur révolutionnaire et
du despotisme impérial, et amenée ainsi à forger
ses propres fers, à combattre contre son devoir,
contre sa conscience, contre ses intérêts les plus
chers, pour soutenir la puissance chancelante du
tyran qu'elle abhorre, qu'une fois elle a chassé
du trône, et qu'elle en chasserait encore si elle
était libre de ses actions comme de sa pensée;

Telles sont, et les Souverains alliés ne le dissimulent
point, les véritables causes de l'invasion; son but direct,
c'est l'anéantissement de Bonaparte et de son autorité.

Qn'en cherchant à arriver à ce but, les alliés, touchés
des malheurs du Roi, et pénétrés d'estime pour lui, aient
résolu de travailler simultanément à son rétablissement sur
le trône, c'est ce qui peut être, c'est ce qui est sans doute,
mais ce n'est assurément qu'une cause bien secondaire de
l'expédition, et il est plus que douteux que ce motif tout
seul eût pu la déterminer.

Le Roi ne serait pas là pour revendiquer ses justes droits,
qu'évidemment l'expédition n'en aurait pas moins lieu. .

Il est absurde, d'après cela, de lui en attribuer la cause.

mais jamais assurément son honneur ne souffrira ni aux yeux des contemporains, ni à ceux de la postérité, pour avoir saisi le moyen de résister à l'oppression, pour avoir brigué l'alliance de l'Étranger contre l'ennemi domestique, pour avoir fait cause commune avec son Roi légitime, travaillé avec énergie à rétablir l'édifice de la prospérité nationale, et coopéré à l'exécution des mesures qui doivent assurer pour long-temps le repos du monde et le bonheur des nations européennes.

Ainsi, sous ce premier point de vue, évidemment l'honneur national est totalement garanti.

Actuellement, dans le sens des Bonapartistes, on ne peut pas dire non plus avec quelque bon sens que la France soit déshonorée, pour n'avoir pas voulu s'engager dans une lutte inégale où la chance du succès est nulle et la chance contraire infaillible. Le courage a des bornes de raison au-delà desquelles il n'y a plus qu'imprudence et témérité. Il n'y a pas de déshonneur à céder à la force, à ne pas résister à une puissance irrésistible, et la France ne sera pas plus déshonorée pour avoir refusé le combat dans l'impossibilité trop évidente de vaincre, qu'elle ne le serait si, l'ayant accepté, elle était accablée par une force supérieure.

Dans l'état de crise et d'allarme où se trouve

aujourd'hui la France, envahie à l'extérieur par toute l'Europe, nourrissant au dedans les germes d'une division funeste, menacée au dehors d'une guerre universelle, et au dedans d'une révolte générale, c'est sagesse à elle, c'est prudence nécessaire et non pas lâcheté de céder à l'orage.

Assez long-temps la France a donné à l'Europe et au monde entier, des preuves éclatantes de sa vaillance ; et, s'il est un reproche fondé à lui faire, c'est sans doute de les avoir trop multipliées.

Ainsi, en supposant même aux alliés d'autres intentions que celles qu'ils proclament, en les considérant non plus comme des alliés, mais comme des ennemis déclarés de toute la nation, et en admettant que comme ennemis, ils accablassent la France, elle n'aurait rien perdu encore de son honneur, car les premières capitales de l'Europe, tant de fois conquises et envahies par les armées françaises, mettraient à couvert, par une juste compensation, l'honneur de Paris, occupé de nouveau par les armées de l'Europe.

Et si cela est vrai, dans l'hypothèse où toute la nation se serait opposée à l'invasion, cela l'est bien plus encore, dans celle où une partie de la nation, loin d'y résister, l'aurait desirée et favorisée, car la gloire de l'Étranger vainqueur serait moins grande en raison de ce que le succès aurait été plus facile; ce ne serait, à vrai dire, qu'une victoire de parti, dont l'honneur appartiendrait autant aux Royalistes français qu'à l'Étranger qui les aurait secondés.

Il est donc certain que sous quelque rapport qu'on envisage la question, l'honneur de la nation n'est point directement intéressé à la résistance, et qu'il ne sera ni perdu ni compromis parce que la résistance n'aura point lieu.

Cette première partie de l'objection ainsi détruite, reste la seconde partie, reste la raison d'intérêt public, et la crainte d'un démembrement du territoire par les Puissances coalisées.

De toutes les chimères mises au jour, dans ces derniers temps, pour remuer les esprits, exalter les passions, et produire du mouvement, celle-ci nous paraît à la fois la plus adroite en imagination et la plus absurde en possibilité de réalisation.

Si nous ne voulons pas ici négliger les leçons de l'expérience, nous trouverons dans le passé la garantie de l'avenir.

Si nous voulons réfléchir que les Puissances de la coalition ont refusé, il y a un an, l'occasion la plus favorable pour opérer le démembrement de la France, nous chercherons vainement le mo-

tif qui les porterait à le désirer aujourd'hui, et
nous pourrons alors ajouter quelque foi au dé-
menti solennel qu'elles donnent à cette intention
supposée, en annonçant l'intention contraire de
respecter l'intégrité du territoire français.

Que si de pareilles considérations sont insuffi-
santes pour de certains esprits, qui se refusent à
croire que la loyauté puisse entrer pour quelque
chose dans les calculs politiques, et qui regar-
dent les promesses des Souverains alliés comme un
leurre dont il faut se défier, il est d'autres considérations encore qui peuvent servir à leur conviction.

Une garantie certaine de l'absurdité du projet
de démembrement qu'on suppose aux Puissances
alliées, serait sans doute celle qui sortirait de la
nature même des choses et de l'intérêt propre de
ces Puissances.

Or, cette garantie existe, et sa réalité peut être
démontrée par une réflexion toute simple.

En effet, la France telle qu'elle est aujourd'hui,
avec sa mesure actuelle de force et de territoire, est
telle qu'elle convient au système politique établi
en Europe, système confirmé par les opérations
récentes du Congrès, et que toutes les Puissances
ont un intérêt immédiat et réciproque à maintenir
rigoureusement.

Assez puissante pour se faire respecter, point trop pour exciter de la jalousie ou des alarmes, la France est un des élémens principaux de ce système, un contre-poids nécessaire dans la balance européenne, sans lequel l'équilibre serait soudainement détruit, au grand malheur de tous les États du Continent.

C'en est assez pour être convaincu que les Puissances n'ont pas pu concevoir, ou du moins qu'elles ne voudraient jamais exécuter un pareil dessein, subversif des principes de leur politique, comme de leur repos et de la félicité de leurs sujets.

Cependant allons plus loin encore et supposons-leur le pouvoir et la volonté d'opérer le démembrement.

A qui profitera-t-il? Quelles seront les Puissances qui en pourront recueillir le bénéfice?

Ce ne peut être évidemment que l'Autriche, la Prusse et l'Angleterre; la Russie et la Suède sont exclues du partage par leur position géographique; quant à l'Espagne, l'esprit national, qui servira toujours de base chez elle aux vues de sa politique, la retient dans ses limites naturelles, et lui ravit toute pensée comme tout désir d'agrandissement matériel.

Or, si le démembrement a lieu au profit de l'Autriche et de la Prusse, le partage de cette riche dépouille ne serait-il point pour ces deux Puissances le sujet de graves discussions et peut-être de sanglantes querelles ?

D'une autre part, croit-on que la Russie, voisine de ces deux États, assez puissans déjà (et sur-tout le premier), pour exciter sa jalousie ou ses inquiétudes, verrait tranquillement cet accroissement subit de territoire et de force? Croit-on que l'Angleterre aussi, dont la politique spécule sur l'affaiblissement de tous les autres États, pourrait donner les mains à cet agrandissement simultané de l'Autriche et de la Prusse?

Que si l'Angleterre voulait être admise au partage, n'y trouverait-elle point une forte opposition dans tous les cabinets, qui déjà n'ont vu qu'avec la plus grande peine, les succès de la dernière coalition lui rendre, sur le Continent, une puissance territoriale par la reprise de possession du Hanovre et l'érection du nouveau Royaume de ce nom?

D'après ces simples aperçus, susceptibles d'un immense développement, mais auxquels nous nous bornerons ici, qui pourrait, avec quelque bonne foi, ne pas convenir que l'idée du démembrement de la France par les Puissances alliées serait le signal de nouveaux déchiremens et de querelles politiques propres à les rejeter dans des guerres sanglantes et interminables entre elles-mêmes? Conséquence trop immédiate pour qu'elle puisse jamais leur échapper, et qu'elles sont assurément trop éclairées pour ne pas sentir dans toute sa latitude.

Or, nous le demandons, peut-on raisonnablement supposer qu'elles veuillent courir des hasards aussi désastreux, alors que tous les États de l'Europe, épuisés par de longues calamités, n'aspirent qu'au repos, alors que tous les Princes, éprouvés par de grandes infortunes, sentent, comme tous les peuples, le besoin du calme après tant d'orages et le prix d'une paix générale et durable après tant de guerres dévastatrices et universelles : paix nécessaire à tous, un instant rétablie à la satisfaction de tous; que Bonaparte et la Fatalité ont rompue en un instant, et pour la nouvelle conquête de laquelle l'Europe fait encore en ce moment des efforts et des sacrifices si prodigieux?

Ainsi donc, et sans énumérer ici les graves, les invincibles difficultés d'exécution qu'éprouverait d'ailleurs le projet du démembrement de la France, on voit clairement qu'en le considérant uniquement sous le rapport de l'intérêt même des Puissances alliées, la raison rejette au loin l'idée inadmissible, absurde et chimérique d'un pareil projet.

Ainsi tombe, sous ce second point de vue comme sous le premier, l'objection qui fait la base du système de résistance aux alliés, et le principal mobile employé par les chefs de ce système pour précipiter une partie de la nation au-devant des bayonnettes de l'Europe. Ainsi reste prouvée, suivant nous, sans réplique, cette proposition inverse, que ni l'honneur, ni l'intérêt national ne peuvent, dans l'état actuel des choses, comme dans la situation morale de la nation, souffrir du défaut de résistance aux armées alliées et à l'invasion du territoire.

En adoptant cette conséquence, nous n'avons pas toutefois la déraisonnable pensée que cette invasion ne puisse pas blesser vivement, dans un sens, bien des intérêts particuliers et par contre-coup aussi l'intérêt public.

Il est malheureusement trop certain que ce défaut de résistance ne sera pas universel; qu'une portion de l'armée, que beaucoup de partisans intéressés de Bonaparte ne peuvent pas ne pas songer à la défense, et qu'il en pourra coûter cher pour réduire ces désespérés.

Nous savons bien que la nécessité de rendre quelques contrées de la France le théâtre d'une pareille guerre, entraînera pour elles de grands désastres, et nous en gémissons avec tous les amis de la patrie et de l'humanité; mais enfin nous disons qu'entre deux malheurs il faut choisir le moindre, et qu'entre une résistance générale qui, sans espoir de succès en définitif, faisant de toute la France le théâtre de la guerre, entraînerait la dévastation et la ruine générale, et une résistance partielle dont le foyer, circonscrit dans une certaine étendue de territoire, n'entraînerait qu'une perte proportionnelle, il n'y a pas à balancer pour le choix du dernier parti : le mal général serait sans remède et sans compensations, au lieu que le malheur local peut trouver des secours et des dédommagemens. Ce calcul est raisonnable et légitime, mais que la nécessité en est cruelle! Oh! que tout ce qu'il doit y avoir d'acteurs de cette sanglante tragédie, ne peut-il pour un moment se dépouiller de ses passions, et en envisager froidement les funestes résultats! Que les partisans de Bonaparte ne peuvent-ils, pour un moment, sortir de leur aveuglement, et songer de sang-froid aux déplorables conséquences de leur opiniâtreté! Quoi! pour un seul homme, l'Europe et la France se déchireront mutuellement! Pour un seul homme, la paix de vingt peuples divers sera perpétuellement troublée! La nature et l'humanité gémiront sans relâche, des torrens de sang inonderont la terre, l'univers ne

sera plus qu'une vaste arêne où les générations
viendront s'anéantir avant le terme fixé pour leur
détruction! Et pour quel homme encore? Pour un
homme, diront ses trop nombreux et peut-être
aussi trop véridiques ennemis, pour un homme
que ni la morale, ni la justice, ni la bienfaisance
ne recommandent à l'amour ou à la vénération
des hommes; à qui l'observateur impartial, en
lui accordant de grandes qualités, reprochera justement des crimes plus grands encore, que l'im-
passible histoire, en disant les grandes choses de
sa vie, marquera du sceau de l'assassinat, de
la spoliation, de l'inceste et de l'adultère! Qui
étonna les contemporains autant par l'excès des
maux dont il les accabla, que par les prodiges
de son génie, et que la postérité n'admirera qu'en
frémissant! Ah! si la raison pouvait parler aux
passions des hommes, si l'aveuglement n'était pas
inséparable de l'esprit de parti, si ce tableau pouvait frapper les yeux des sectateurs de Bonaparte,
et ces réflexions arriver jusqu'à leur conscience
dans le calme du recueillement et de la bonne foi,
sans doute alors ils reconnaîtraient la déplorable
erreur qu'ils embrassent, la cause impie et sacrilége qu'ils favorisent, et, désormais rendus à celle
de l'humanité, ils se rallieraient à ceux qui ne
veulent que délivrer la France et l'Europe d'un

fléau destructeur, et ce grand œuvre s'accompli-
rait alors, sans qu'une nouvelle effusion de sang
et des ravages nouveaux vinssent affliger la terre.

D'après ce que nous avons dit ci-devant, il
reste démontré que la résistance aux Alliés n'est
nécessaire et obligatoire pour les Français, ni
sous le rapport de l'honneur national, ni sous
celui de la conservation du territoire, et que les
malheurs les plus épouvantables en seraient au
contraire la conséquence immédiate.

Actuellement, supposons tous les bons Citoyens convaincus de cette vérité; considérons la
France, sauf les partisans aveugles de Bonaparte,
en rapport d'alliance et d'amitié avec les Puissances, concourant à l'exécution du même dessein, se liguant avec elles contre le même ennemi, arrivant enfin de cette manière au but
désiré du renversement de Bonaparte et de son
illégitime autorité, et voyons, en posant cette hypothèse; quels en peuvent être pour nous les effets
et les résultats.

La suite de cet évènement sera sans nul doute,
suivant nous, le rétablissement de Louis XVIII
sur le trône; car, quoi qu'il en soit des divers
partis qui divisent aujourd'hui l'opinion, il est
incontestable que le parti royaliste (une fois ces-
sant les motifs qui font qu'aujourd'hui une cer-

taine portion de la population y paraît contraire, c'est-à-dire la crainte de l'Étranger) sera d'une puissance bien supérieure et hors de toute proportion avec les autres.

Serait-ce en effet les parti des Orléanistes qui pourrait l'emporter ou même concourir? Il serait absurde de le penser.

Le Duc d'Orléans, Prince au reste tout plein de belles qualités, et digne à tous égards de fixer l'attention publique, le Duc d'Orléans, disons-nous, n'a pas et ne peut pas avoir la prétention d'occuper *actuellement* un trône que les lois immuables de la monarchie ne lui permettent de voir que dans une perspective très incertaine et très éloignée.

D'ailleurs, et sans doute à cause de cela même, le nombre de ses partisans est peu considérable, et ne peut pas être d'un grand poids dans la balance des suffrages.

Au surplus, il paraît que cet estimable Prince a loyalement prévenu toute contestation politique à cet égard, par une protestation formelle contre l'intention que d'indiscrets partisans auraient pu lui prêter, et par une profession franche de principes sur l'hérédité et la légitimité du trône.

Ainsi, point de concurrence à craindre de ce côté.

Serait-ce donc le parti des Républicains qui pourrait en faire redouter une plus puissante ? Nous ne le croyons nullement.

Il est impossible que des lumières trop chèrement achetées, et l'expérience si déplorable du passé, n'aient point chassé sans retour, de tout cerveau bien organisé, cette chimère de démocratie absolue dans un état tel que la France, et chez un peuple tel que les Français. Et de fait, on peut voir que tous les hommes de quelque poids, qui ont été, dans le temps du délire révolutionnaire, les chefs et les plus zélés partisans de ce système, y ont depuis entièrement renoncé, et se sont ralliés au trône. Si cette idée a pu faire encore quelques dupes parmi les hommes superficiels et les imaginations exaltées, le nombre n'en sera jamais assez grand pour créer un parti capable de balancer l'opinion avec celui qui existe, dans toutes les classes de la société et chez tous les hommes de sens, en faveur des principes monarchiques, régénérés et définis par une bonne constitution.

Serait-ce enfin le parti des Jacobins que nous aurions la douleur de voir triompher ?

Que les gens de bien se rassurent : cette infernale faction ne peut conserver long-temps le pouvoir funeste qu'elle tient du malheur des derniers évènemens. Sa force, qui paraît grande aujourd'hui, consiste plus dans l'habileté scélérate de ses chefs que dans le nombre de ses suppôts. Les ressorts de sa puissance passée sont usés, les jours de ses criminels triomphes sont comptés, et la Nation, éclairée par l'expérience de ses forfaits, ne peut tarder à faire tomber sur elle tout le poids de sa vengeance, comme elle l'accable déjà du poids de son indignation.

Ainsi, point de concurrence à craindre pour le parti royaliste, et nul doute que le renversement de Bonaparte ne soit le signal du rétablissement de Louis XVIII.

Il est donc important de rechercher les effets de cette révolution, et d'examiner quels peuvent être, dans cette hypothèse certaine, notre espoir ou nos craintes sur l'avenir qui nous attend.

Depuis que la perfidie et la fatalité ont fait tomber le sceptre des mains de cet infortuné Monarque, des libelles sans nombre ont vu le jour; des accusations multipliées ont été créées et reproduites sous toutes les formes; des écrivains, sans talent comme sans pudeur, ont, par bassesse ou par intérêt, calomnié, déchiré le Prince auquel naguère ils prodiguaient leur encens.

Les uns, frondant ouvertement l'opinion générale, ont attaqué sans ménagement sa personne et son caractère.

D'autres, avec une modération perfide, payant un juste tribut d'éloges à ses intentions libérales et bienfaisantes, ont avancé que ces bonnes dispositions étaient neutralisées par sa faiblesse. Ne pouvant nier en lui l'amour du bien, ils l'ont accusé d'avoir laissé faire le mal.

Dans ce torrent d'accusations et de reproches, trois Griefs principaux ont paru (grâces aux mouvemens extraordinaires qu'on s'est donnés, aux intrigues qu'on a employées pour en imboire les esprits, même long-temps avant l'exécution directe du complot que ces impressions devaient favoriser) ont paru, disons-nous, fixer principalement l'attention, et faire quelqu'impression sur certaines classes de la population. Ce sont les suivans : mauvaise foi dans l'institution et l'exécution de la Charte constitutionnelle; arrière intention du rétablissement des Droits féodaux, et d'un retour futur sur les ventes de Domaines nationaux; tendance directe vers le fanatisme religieux, projet du rétablissement des Dîmes, et d'attentats à la liberté des Cultes.

Avant d'entrer dans l'examen de ces divers Griefs, nous devons à notre conscience de déclarer que, quant à nous, nous ne les avons jamais pu considérer, sauf un seul, sur lequel nous nous expliquerons tout à l'heure, que comme autant de chimères plus ou moins adroites, créées par la malignité, ou peut-être bien aussi par l'imprudence de quelques subalternes qui, substituant leurs vœux et leurs désirs à la volonté du Souverain, auront, par leurs indiscrètes prétentions, donné naissance à ces idées, dont ensuite l'esprit de parti, qui est l'esprit d'exagération, de mensonge et d'intrigue, se sera hâté de s'emparer pour en faire son profit.

Toutefois nous consentons à déposer ici cette conviction, et nous allons émettre quelques opinions impartiales sur chacun des Griefs en question.

EXAMEN DES GRIEFS.

1°. *Mauvaise foi dans l'institution et dans l'exécution de la Charte constitutionnelle.*

On *suppose* que le Roi n'était pas de bonne foi dans l'institution de la Charte, et, pour le prouver, on *suppose* qu'il avait l'intention d'éluder quelques-uns des principes essentiels qu'elle consacrait, et même de les abolir tous un jour.

Sans insister sur la singularité de ce raisonnement, sur le ridicule de cette supposition prouvée par une autre supposition, ne peut-on pas, en prenant l'inverse de cette proposition, dire, tout aussi justement, que le Roi était de bonne foi dans la délivrance de la Charte, parce qu'il n'avait pas l'intention d'y porter atteinte?

Eh! qui peut autoriser, en effet, à lui supposer cette intention?

N'est-ce pas lui-même et sa propre volonté qui l'avaient instituée? Ignore-t-on aujourd'hui que cette Charte, à la sagesse et à la libéralité de laquelle ses plus furieux ennemis mêmes sont forcés de rendre hommage, était le fruit bien mûri de son propre jugement et des méditations de son exil?

Et, pour l'observer en passant, c'est assurément là la plus noble défense et le plus invincible argument contre les déclamations journalières de ces libellistes gagés qui répètent à satiété « que » le Roi ne connaissait nullement l'état moral de » la Nation ; qu'il n'était point au niveau des lu- » mières du siècle, et qu'il en voulait faire ré- » trograder l'esprit jusqu'à l'aveuglement des âges » précédens. »

Or, s'il est bien vrai que la Charte soit émanée de la volonté du Roi, comment donc croire qu'il n'avait pas l'intention de l'exécuter? Comment et pourquoi penser qu'il voulût détruire son propre ouvrage, une institution qu'il regardait comme son plus beau titre de gloire?

Mais, dit-on, en preuve de violation, la Charte

promettait la liberté de la presse, et la loi de la censure a détruit cette liberté.

Avec la franchise dont nous faisons profession, nous confessons que ce reproche a, sous un certain rapport, quelque fondement, et nous ne dissimulons pas que bien que nous ayons des premiers applaudi à la sagesse de la loi sur la censure, cependant nous avons vu, avec quelque peine, cette sorte d'atteinte portée à la Charte, non pas à cause de cette atteinte même, mais à cause de la dangereuse idée qu'elle pouvait accréditer sur la possibilité de violations plus importantes.

Toutefois il nous semble que ce reproche a bien moins de gravité qu'on ne s'est plu à lui en donner, et qu'à considérer cette mesure sous son vrai jour, elle porte avec elle-même sa justification.

Ce ne fut point un acte d'arbitraire ni de mauvaise foi, de la part du Gouvernement, ce fut un effet inévitable de l'empire des circonstances.

Nous nous expliquons.

Le Roi avait voulu que la liberté de la presse subsistât désormais dans toute sa latitude; ses hautes lumières l'avaient convaincu que cette institution était l'un des élémens principaux et la plus sûre garantie de la liberté nationale, dont il se déclarait le protecteur.

C'est pour cette raison qu'il avait fait de cette liberté un des principes fondamentaux de la Charte.

Mais il est en politique, comme en médecine,
des alimens dont l'usage, bienfaisant dans l'état
de santé, devient mortel dans l'état contraire ; et,
dans la situation des choses à cette époque, dans
la circonstance particulière où la Nation se trou-
vait placée, cette faveur de la Charte pouvait être
prématurée et devenir fatale.

On sortait d'un état de révolution, c'est-à-dire
d'un choc toujours terrible d'intérêts et d'opinions :
les esprits étaient encore en grande fermentation :
l'usage de la liberté illimitée de la presse, qui trop
souvent n'en est que la licence, pouvait augmen-
ter cette fermentation d'une manière fort dangereuse pour la tranquillité de l'État.

Le Roi, et tous les bons esprits avec lui, avaient
donc senti qu'une limitation momentanée de cette
liberté devenait indispensable, qu'elle était assurément autant dans l'intérêt de la Nation que dans
celui du Trône, et en conséquence la loi sur la
censure fut proposée, discutée et approuvée par
tous les vrais amis de l'ordre et de la patrie.

L'évènement a trop prouvé la justesse de cette
opinion. Il a laissé regretter que la mesure n'ait
point été plus générale et plus sévère ; car, il n'en
faut pas douter, si l'odieux complot qui a renversé

le Gouvernement a trouvé, sous certains rapports, tant de facilités d'exécution, on le doit sur-tout à l'influence perfide de quelques pamphlets, aux sourdes inquiétudes que des malveillans ont ainsi trouvé le moyen de répandre partout, et à la direction pernicieuse qu'ils sont parvenus à faire prendre de cette manière à l'opinion de certaines classes de la population.

La loi sur la censure était donc en soi une loi essentiellement juste et bonne, parce qu'elle était liée par essence à l'intérêt le plus cher de la nation ; et l'on peut répondre d'ailleurs à ceux qui en font un chef d'accusation contre le Roi et ses Ministres, qu'ils doivent donc aussi accuser la nation, car, si la proposition est venue du Roi, l'adoption est venue de la nation, légalement représentée par ses députés.

Or, comme la Charte était instituée principalement dans l'intérêt du peuple, on ne lui contestera probablement pas le droit d'en changer ou d'en modifier les principes, lorsque cet intérêt en faisait la loi.

Au surplus, on ne doit pas perdre de vue, d'une part, que ce règlement sur la censure n'était que temporaire, et ne devait avoir qu'une durée très bornée ; et, d'une autre part, qu'il n'était point un obstacle absolu à la liberté de la presse, puisqu'il s'appliquait exclusivement aux écrits d'une forme déterminée, et qu'au-delà de cette forme régnait la liberté illimitée.

En n'assujétissant ainsi à la censure que les pamphlets journaliers et les ouvrages de courte haleine (écrits qui, pour l'ordinaire, sont ceux à l'aide desquels on peut plus facilement pervertir l'opinion, parce qu'ils se répandent avec plus de promptitude, et se lisent plus volontiers), et en laissant toute liberté à la publication des écrits qui comportent une longue suite de composition, la loi transitoire qu'on attaque tendait à enlever à la liberté de la presse son venin naturel, pour ne lui laisser que ses bienfaits et son utilité.

Ainsi s'explique et se justifie complètement cette démarche du Roi et de son Gouvernement : ainsi, l'on voit que ce qui, au premier abord, a pu paraître un grief important, n'est plus, à l'examen de l'esprit impartial, qu'une mesure très régulière, qu'un acte de sagesse et de bienfaisance.

Nous croyons devoir nous borner à ces rapides observations sur ce premier point, et nous passons au second chef de récrimination.

*2°. Arrière intention, dans le Roi, du rétablis-
sement des Droits féodaux, et d'un retour
futur sur les ventes de Domaines nationaux.*

Les libellistes et leurs dupes prouvent ce nouveau Grief à l'aide de la même logique et par le
même argument que le premier; c'est avec la même
puissance de raisonnement qu'ils prétendent démontrer l'infaillibilité de cette proposition.

Ils assurent que le retour de la féodalité était
imminent, *parce que le Roi avait la secrète intention de la rétablir;* qu'on était sur le point
d'annuler toutes les ventes de Domaines nationaux, *parce que c'était l'arrière pensée du Roi.*

Et quand on leur demande quelque démonstration de ce fait purement intellectuel, quand on les
somme de donner quelque preuve raisonnable et
admissible de ces intentions du Roi, ils vous ré-
pondent gravement, que le Roi les avait, parce
qu'il existait, dans la nation et tout autour de lui,
une classe de gens intéressés à ce qu'il les eût véritablement, à savoir les Émigrés et les Nobles.

Si c'est là une démonstration recevable, nous
ne voyons pas pourquoi l'on ne pourrait pas dire
aussi qu'il n'avait pas les intentions qu'on suppose,
parce qu'il existait, dans la nation et tout aussi
près de lui, une classe de gens intéressés à ce qu'il

ne les eût pas, à savoir la masse du peuple et les acquéreurs de Domaines nationaux.

Et assurément ce dernier argument aurait encore plus de force que l'autre, car la classe des gens intéressés à la négative est sans contredit bien plus nombreuse que celle des gens qui peuvent désirer l'affirmative.

Mais, la véritable et invincible objection contre cette absurde supposition, c'est qu'une idée de cette nature était directement opposée au caractère connu et aux véritables intentions du Roi, manifestées par toutes ses actions.

C'est qu'à l'égard du rêve de la féodalité, son esprit juste et libéral, assez prouvé par l'institution de la Charte, était une garantie certaine de son éloignement pour un système tombé de décrépitude, et devenu désormais incompatible avec le progrès des lumières et l'esprit du siècle.

Et qu'à l'égard de l'atteinte au principe de l'irrévocabilité des ventes nationales, il était trop évident, pour le Roi, comme pour le plus mince raisonneur du royaume, qu'une pareille mesure serait le signal assuré d'une révolte presque générale (eu égard à l'immense quantité des citoyens intéressés au maintien de ce principe), et la cause inévitable d'une guerre civile des plus dangereuses pour le repos de l'État et la sûreté du Trône.

Ainsi, à part la certitude morale tirée de la manifestation des intentions justes et libérales du Roi, la politique la plus commune et l'intérêt propre du Gouvernement s'opposaient, d'une manière absolue, à ce que jamais il pût songer à prendre une résolution pareille.

Mais, dit-on, pourtant des symptômes de ce double dessein se sont manifestés dans les campagnes : des Nobles ont voulu ressaisir certains priviléges qui tenaient au régime féodal ; des Prêtres ont cherché à effrayer les consciences de certains acquéreurs de Domaines nationaux, et à les amener, par l'inspiration de craintes religieuses, à des restitutions, ou au moins à des transactions avec les propriétaires dépossédés !

Nous voulons bien tenir ces faits pour constans et prouvés, et nous demandons à ceux qui les opposent qu'elle en peut être la juste conséquence.

Assurément, il serait fort étrange qu'on en voulût tirer une conclusion contre les intentions du Roi et du Gouvernement ; qu'on voulût prétendre que c'était une preuve de l'existence du dessein qu'on leur attribue ; qu'on voulût rendre ainsi l'autorité publique solidaire des excès ou des inconséquences des citoyens ; qu'on soutînt que l'action louable ou blâmable de tel ou tel individu, relativement à un point quelconque d'intérêt général, est une preuve des intentions bien ou malveillantes du Souverain.

Si les faits dont on parle sont réels, ce qui est fort douteux, ils ne prouvent rien autre chose, si ce n'est que l'intérêt personnel parle souvent plus haut que la conscience du bon citoyen; que les principes du Gouvernement ne sont pas toujours ceux des gouvernés; qu'enfin la sagesse, la justice et la libéralité du Monarque ne peuvent pas plus empêcher les injustices, les sottises et les vexations particulières, que l'existence des lois et des tribunaux ne peut empêcher les délits et les crimes qui désolent la société.

Ainsi, il est vrai de dire que cette prétendue démonstration n'en est nullement une, et que ce second grief, reproché au Roi, n'a pas plus de vraisemblance ni de réalité que le premier. Passons au troisième.

3°. *Tendance directe vers le Fanatisme religieux. Projet du rétablissement des Dîmes, et d'attentat à la liberté des Cultes.*

Il est des gens qui frémissent au seul nom de la Religion, comme d'autres au nom de la Justice; qui fuient les temples de Dieu, comme d'autres fuient les tribunaux des hommes.

Que ces gens-là aient crié au fanatisme, parce

qu'ils ont vu un Prince, attaché aux devoirs de sa religion, observant et voulant faire observer à ceux de ses sujets qui partagent sa croyance, les lois simples et faciles du culte divin, cela se conçoit, et en vérité le blâme de pareils censeurs est un éloge complet.

Mais que des esprits droits et honnêtes, pleins eux-mêmes de respect pour la Religion, aient récriminé contre des mesures qui avaient pour but de lui rendre son lustre et son heureuse influence sur la morale publique, c'est ce qui se conçoit moins aisément, et il faut bien que l'esprit frondeur ait fait de grands progrès dans le siècle, puisque des actes si légitimes de l'autorité trouvent encore des improbateurs, même parmi les gens de bien et de sens.

Or, sur quoi se fondent ces récriminations? Quels en sont les motifs? Si nous les avons bien saisis, c'est, d'une part, le danger de laisser prendre au Clergé trop d'empire sur l'esprit public, principe de l'intolérance et des persécutions religieuses, et d'une autre part, l'abus présumé de l'accumulation des richesses parmi les gens d'église, abus qu'on a vu figurer dans les causes primitives de la révolution.

Ces dangers, ces abus, ont-ils, dans l'état actuel des choses, quelque réalité? Nous ne le pensons pas.

Écoutez les sages de tous les âges, écoutez les raisonneurs du jour : ils vous diront tous, que l'esprit humain ne rétrograde pas plus que les fleuves ne retournent à leur source, et que vainement on tenterait de s'opposer aux progrès de l'un comme au cours des autres.

L'esprit de civilisation est comme un grand incendie qui s'avance dans les siècles, en dévorant à mesure les monumens de l'ignorance et de l'aveuglement des peuples.

Ainsi, après l'expérience des abus dont la France a tant souffert, jamais assurément l'état de ses lumières et de sa législation ne pourra se plier à ce que la Religion reprenne assez d'empire pour conduire au fanatisme, et à ce que ses Ministres cumulent assez de richesses pour devenir nuisibles à l'Etat.

C'est donc à la fois une injustice et une absurdité de conclure, de quelques démonstrations extérieures de piété, que le Roi aura cru devoir à l'exemple et au bien-être de ses peuples, de conclure de là, disons-nous, que le règne du fanatisme religieux fût prêt à renaître, et d'en induire sur-tout que le Roi nourrissait la secrète pensée

de revenir sur le principe, consacré solennelle-
ment par lui-même, de la liberté des consciences
et des cultes.

C'est encore une autre absurdité d'avoir dit
que le rétablissement de la dîme était une conséquence immédiate de la faveur que le Roi semblait accorder au Clergé.

De ce que le Roi marquait de justes égards à
une classe respectable de ses sujets, il ne s'ensuit
pas qu'il voulût dépouiller les autres au profit de
celle-là. De ce qu'il semblait favoriser le Clergé,
il ne s'ensuit pas qu'il voulût vexer l'habitant des
campagnes : lui, qui sentait si bien, au contraire,
que le premier devoir d'un Souverain est de veiller
au repos et à l'amélioration du sort de cette nombreuse et intéressante portion du peuple à laquelle
est confié le germe de la prospérité générale : lui,
pour qui le paysan était, comme l'ouvrier, le premier objet de sa sollicitude et de ses attentions
paternelles : lui, enfin, qui aimait sur-tout à trouver, dans l'amour et la reconnaissance des classes
inférieures, la douce récompense des bienfaits qu'il
se plaisait à répandre sur elles !

Cette intention du rétablissement des dîmes
est assurément le fruit d'une supposition plus gratuite encore que toutes les précédentes, et nulle

preuve non plus n'a pu être rapportée à l'appui. Par elle-même, elle est contradictoire avec les sentimens bien connus du Roi, et, par son rapport avec les idées féodales, elle est encore plus éloignée d'avoir jamais été la sienne.

Nous croyons donc pouvoir dire de ce dernier Grief, comme des précédens, qu'il n'est qu'une pure chimère, créée ou par l'indiscrétion ou par l'esprit de parti, et que, sous ce rapport, comme sous tous les autres, le Roi ne mérite en aucune sorte le reproche qui lui a été adressé.

Il en est un autre encore auquel on s'est efforcé de donner quelque consistance, pour éloigner de lui les esprits, et qui devrait, suivant nous, produire l'effet contraire.

On lui a fait un crime d'être incessamment entouré de malheureux, et on a prétendu qu'en offrant des secours et des consolations à un grand nombre d'infortunés victimes de nos troubles civils, il entretenait ainsi, dans son palais même, des fermens de révolte contre les principes de la Charte, et de vengeance contre les partisans des idées libérales.

Une telle accusation est bien honorable, il faut en convenir, pour le Prince qui sait la mériter, et c'est assurément une étrange manière de prouver que Louis était un mauvais Roi, que d'avouer qu'il se faisait le soutien et le consolateur des malheureux qui recouraient à lui. Ils avaient souffert pour une cause qui était pour ainsi dire la sienne! Soit; mais d'éclatans exemples ont trop prouvé que la reconnaissance était rarement la vertu des Rois, et il n'en serait que plus digne de respect et d'amour pour s'être placé dans l'exception; et pour avoir cédé à la double inspiration de son cœur et de sa conscience qui lui parlaient en faveur de ces infortunés.

Ils conspiraient contre la Charte et contre les enfans de la Révolution! Qui vous l'a dit? Où sont les preuves de ces prétendus complots? Où en sont les résultats? Eh! parce que des malheureux qui avaient tout perdu, auront maudit la cause de leur perte, parce que dépouillés de tout, réduits à la plus dure des conditions par l'application des principes et des mesures révolutionnaires, ils auront déploré la rigueur de ces principes, accusé l'injustice de ces mesures, sont-ils donc pour cela des conspirateurs, des ennemis de l'État, et ne doit-on aucune indulgence au malheur de leur destinée? Ah! que ceux-là mêmes qui se montrent aujourd'hui si sévères, qui affectent ce stoïque civisme, changeraient étrangement de langage et de pensée, si demain un revers inattendu, faisant changer soudain la fortune, changeait aussi les rôles, et que, tombés à leur tour, dans le malheur, ils trouveraient injuste et tyrannique, qu'on leur interdît jusqu'à la liberté de gémir de leurs désastres et de désirer un meilleur sort!....

On veut absolument croire que ces plaintes, qui retentissaient jusqu'aux oreilles du Roi, devaient avoir une influence fatale sur ses décisions et les actes de sa volonté; c'était en effet une influence bien à redouter que celle de malheureux qui étaient à la merci des bontés du Prince, et il est bien conséquent de penser et de dire que, parce qu'il les admettait sous son toit et à sa table, il devait aussi nécessairement les admettre à ses conseils!

Et c'est ainsi pourtant qu'on cherche à empoisonner les actions les plus honorables! C'est sur de tels fondemens que la haine et l'esprit de parti bâtissent leurs accusations! C'est par de tels moyens aussi qu'on parvient trop souvent à égarer ou pervertir l'esprit de la multitude!

Que triste et misérable est donc la condition d'un bon Roi!

Vainement la justice et l'humanité guident ses pas : vainement la sagesse et la plus pure philantropie les éclairent : il est de toutes parts menacé de périls de toutes sortes ; les passions s'agitent incessamment autour de lui ; environné de trompeurs et d'envieux, d'ambitieux et de méchans, il marche d'obstacle en obstacle dans la pénible carrière du gouvernement, il flotte d'écueils en écueils sur la mer toujours incertaine de l'opinion publique ; en même temps que la perfidie et la cupidité tendent partout leurs piéges autour de lui, la sottise et la malignité s'attachent sans relâche à ses intentions pour les calomnier, à ses actions pour les noircir et les dénaturer ; il est sans cesse accablé de fatigues et d'inquiétudes, sans cesse abreuvé de dégoûts et d'amertumes ; et souvent, après une vie consacrée toute entière à faire, au prix de son propre bonheur, la félicité de ses peuples, il disparaît du trône, au milieu des témoignages de l'indifférence ou des outrages d'une foule ingrate, aveuglée ou perverse, emportant, pour tout dédommagement et pour unique consolation, l'amour reconnaissant d'un petit nombre de justes, et l'espoir de l'équitable postérité !

Nous avons parcouru la série des reproches principaux qui ont été faits à la personne, comme au gouvernement de Louis XVIII, et nous pensons avoir laissé tout homme de bonne foi, convaincu, ainsi que nous le sommes nous-mêmes, que loin qu'aucun de ces reproches soit mérité, ce sont autant de chimères créées par la malveillance, répandues par la calomnie, et accréditées chez le plus grand nombre par la plus étrange crédulité. Nous pensons avoir laissé tout homme de bon sens pénétré de cette vérité, que loin que Louis XVIII ait justement encouru le blâme de la Nation, pour les actes de sa trop courte administration, la Nation lui doit au contraire un tribut de reconnaissance et d'amour, pour le bien qu'elle en a reçu, pour la sagesse avec laquelle il avait su la tirer d'un abyme effrayant, cicatriser ses plaies récentes, et lui ouvrir une perspective certaine de consolation et de félicité.

Et si cette conclusion est juste, nous demandons quelle crainte légitime pourrait donc agiter l'esprit des bons Français, des vrais amis de la Patrie, à l'occasion du retour de ce Gouvernement régénérateur auquel la France a dû un an de calme après vingt ans d'orages? De ce Roi, digne objet des respects de l'Europe entière, qui ne manifesta jamais d'autre intention que celle du bien, d'autre désir que celui de la prospérité nationale, et dont tous les pas dans la carrière du souverain pouvoir furent marqués par une pensée sage ou par une action généreuse?

Nous demandons si les bons Citoyens, si tous ceux qui aiment sincèrement leur pays peuvent balancer entre l'expectative du sort qui l'attend, dans cette hypothèse, et la certitude de l'effroyable destinée qui lui est réservée, dans l'hypothèse contraire? Si, entre le rappel de Louis XVIII, qui nous rendra la paix et nous permettra d'espérer le bonheur, et entre le maintien de Bonaparte, qui perpétuera la guerre et nous donnera la pespective assurée de la dévastation de la France, il peut y avoir quelqu'incertitude dans nos désirs? Si enfin l'attachement à ce dernier parti n'est pas un aveuglement déplorable, où même une sorte de félonie nationale, un crime véritable envers la chose publique?

Penserait-on à élever quelques doutes sur les intentions du Roi et les suites de son rétablissement? Voudrait-on, en accordant quelque foi aux calomnies que nous avons réfutées tout à l'heure, lui supposer des idées subversives des principes qui forment aujourd'hui le droit public de la France, et faire naître des craintes sur l'influence future de ces idées anti-libérales? Eh bien! nous soutenons que ces suppositions, fussent-elles même des vérités, que ces craintes, fussent-elles justifiées, ne seraient point, dans l'état d'imminent péril où se trouve d'ailleurs la Patrie, un suffisant

motif pour repousser l'autorité de Louis XVIII,
et mettre obstacle à son retour.

En effet, il est dans nos institutions politiques
des garanties certaines contre les abus du pouvoir;
il est des limites constitutionnelles au-delà desquelles le chef du Gouvernement tenterait envain
d'étendre sa puissance, et qui sont un gage assuré
du respect et de la stabilité de ces principes que
la Nation a accoutumé de regarder comme le pal-
ladium de sa liberté. Le système de la représentation nationale, tel qu'il est établi dans la Charte
royale, a créé un contre-poids salutaire qui, main-
tenant un sage équilibre entre les droits du Prince
et ceux du Peuple, assure l'accomplissement de
tous les devoirs, et préserve du retour de tous les
excès.

Cette digue politique, que la représentation nationale oppose aux envahissemens du pouvoir, est
tellement puissante, qu'on a bien conçu l'espoir
de l'opposer avec succès à Bonaparte, à Bonaparte,
le plus fougueux des despotes, l'homme le plus im-
périeux et le plus absolu peut-être que jamais le
sort ait placé à la tête des Nations; comment donc
la même garantie pourrait-elle paraître insuffisante
contre Louis XVIII, qui, tout en lui supposant
des intentions peu libérales, n'a pas néanmoins,

il faut en convenir, cette odieuse fougue de volonté, ce caractère violent et tyrannique qui est
le caractère propre de Bonaparte?

Ces simples aperçus doivent suffire pour tran-
quilliser les plus ombrageux, et pour persuader
qu'en admettant même que Louis XVIII fût autre
qu'il ne s'est montré jusqu'ici et qu'il n'est véritablement, c'est-à-dire qu'il fût enclin à porter
atteinte aux principes libéraux, nous n'aurions
point à redouter les effets de cette volonté, puisqu'elle serait neutralisée par la nature même des
choses et par la force des obstacles constitution-
nels qui lui seraient opposés.

Il reste donc démontré, dans toute hypothèse,
que les craintes de quelques esprits sur les suites
du retour de Louis XVIII, pour la liberté nationale, sont tout-à-fait chimériques, et que non-
seulement il n'y a raisonnablement rien à redouter à cet égard, mais que même il y a tout à
espérer des lumières et de la libéralité de ce Prince,
pour le perfectionnement de nos institutions po-
pulaires.

En résumant tout ce qui vient d'être dit, il est
impossible de n'en pas retirer la conviction pro-
fonde que le rappel du Roi est le moyen le plus
efficace, comme le plus honorable, pour sortir

heureusement et promptement de la crise terrible où nous nous trouvons.

Là est le salut, de même que le devoir de tout bon Français, car le devoir du vrai Citoyen est de vouloir l'intérêt général, et de travailler au bien de tous.

C'est le rappel du Roi qui peut arrêter soudain l'effusion du sang prêt à couler, et les horreurs de la guerre étrangère.

C'est encore lui qui peut éteindre les torches de la discorde intérieure, et faire tomber le glaive de la guerre civile.

C'est lui seul qui peut arrêter le cours des fléaux désorganisateurs qui sont venus fondre sur notre malheureux pays.

C'est de lui seul enfin que dépendent désormais les destinées de la France.

Si la partie aveuglée de l'armée et de la Nation persiste dans ce fatal aveuglement, c'en est fait pour long-temps, pour toujours peut-être, du bonheur et de la gloire de la Patrie; exposés à la haine de toutes les Nations, pour avoir défendu leur ennemi commun; à leur mépris, pour n'avoir point osé secouer un joug odieux et prendre, au moment du péril, une résolution généreuse; en proie à des troubles intestins, sans terme et sans objet légitime, jouets et victimes de factions sans cesse renaissantes, le plus déplorable avenir nous menace, la plus triste perspective s'offre à nos regards; nous arriverons bientôt, en marchant sur les cadavres sanglans de nos Concitoyens et à travers les cendres de nos cités détruites, à la dissolution totale de notre corps politique, à l'anéantissement de notre existence nationale, et la France sera sans retour précipitée, du rang de première puissance de l'Europe, à celui du plus chétif et du plus misérable État.

O mes compatriotes! vous tous qui méritez le nom de vrais Français; vous en qui l'amour de la Patrie est la première des affections, et qui frémissez à l'idée de sacrifier à l'intérêt, fût-il même légitime, d'un seul homme, l'intérêt et le salut de tous : méditez, je vous en conjure, méditez profondément ces réflexions que mon zèle soumet à votre patriotisme! Puissent-elles fonder dans vos âmes la même conviction que dans la mienne! Et si jusqu'ici une erreur fatale vous aveugla, puissiez-vous, l'abjurant noblement, reconnaître avec moi l'absolue nécessité, pour tous les bons Citoyens, de revenir aujourd'hui à une opinion qui offre la seule et en même temps l'infaillible garantie du salut de l'État ; puissions-nous tous,

dans une consolante communion de sentimens
et de vœux, nous placer à jamais sous cette double
sauve-garde du repos et du bonheur public : *le
Roi et la Charte!*